天才脳をつくる

追手門学院大学特別顧問　児玉光雄

幼児からの右脳ドリル

水王舎

もくじ

はじめに ……………………… 004

この本の使い方 ……………… 006

問題レベル 1 …………… 007　こたえ ……… 018

問題レベル 2 …………… 019　こたえ ……… 030

問題レベル 3 …………… 031　こたえ ……… 042

問題レベル 4 …………… 043　こたえ ……… 054

問題レベル 5 …………… 055　こたえ ……… 066

問題レベル 6 …………… 067　こたえ ……… 078

問題レベル 7 …………… 079　こたえ ……… 090

問題レベル 8 …………… 091　こたえ ……… 102

問題レベル 9 …………… 103　こたえ ……… 114

問題レベル 10 ………… 115　こたえ ……… 126

右脳 IQ 採点表 …………… 127

はじめに

　最近、将棋の藤井聡太七段、サッカーの久保建英選手、そして卓球の張本智和選手のように、英才教育により傑出した能力を身につけた若手の活躍が注目を集めています。

　彼らの共通点は、幼児期にその分野で厳しいトレーニングを積み重ねたという事実です。

　フィギュアスケートや体操のトップアスリートたちも、３〜６歳くらいで本格的なトレーニングを開始していますし、天才的なピアニストやバイオリニストに代表されるプロの演奏家も、たいてい３歳頃から厳しい練習をスタートさせています。

　つまり、幼児期に徹底的なトレーニングを開始することが天才児を生み出す上で必須の要件なのです。しかし、残念ながら、日本においては、ほとんどの幼児がこの大切な期間の大半を、お遊戯や情操教育に費やしています。

　もちろん幼児にとって、心を育む営みに時間を割くことは必要ですが、それだけに終始していてはあまりにももったいなさすぎる、というのが私の考えです。

　今の幼児たちが成人になる頃には、学歴は現在ほど優位性を持たなくなっていると、私は予測しています。答えが決まっている受験勉強にいくら秀でていても、日々刻々と変化する新しい時代には対応できません。

　これからは、右脳を徹底的に鍛えて、どれだけ素晴らしいひらめきや斬新な発想を生み出せるかが問われる時代になるのです。

　人間は計算や知識でコンピュータに勝つことはできません。さらに最近は人工知能（AI）の急速な発展により、コンピュータも論理的に考えることが可能になってきています。創造力を持たない人間は、コンピュータに仕事を奪われてしまう時代がすぐそこまで迫ってきているのです。

ではここで、右脳と左脳の違いについて簡単におさらいしておくことにしましょう。人間の大脳新皮質の右脳と左脳の機能はまったく違います。

　左脳は、主に文字や数字を介した論理的思考を司っています。一方、右脳は、アイディアを生み出したり、直感により何かをひらめいたり、という機能を有しています。

　とくに右脳は、勉強だけでなく、芸術やスポーツの才能を開花させるうえでも大きな役割を果たしています。ここで重要なのは、脳が急速に成長する幼児期に右脳を鍛えておかないと、それ以降いくら努力をしても天才児に育てることはほとんど不可能、という事実です。

　日本の教育現場では、幼少期から左脳を徹底的に鍛える機会は充分に与えられます。その結果、日本の左脳教育のレベルは現在世界でも最高レベルにあるのですが、右脳教育については驚くほど過少評価されているため、欧米よりも明らかに遅れをとっています。

　漢字がスラスラ読み書きできたり、足し算や掛け算ができることは、それはそれで大切な能力です。しかし、それらは小学校に入ってからでも遅くはないのです。

　大切なことは、脳が最も成長する3〜6歳の幼児期に徹底して非言語処理の役割を担う右脳を鍛えることです。

　右脳が活性化されれば、創造力や発想が豊かな、しかも様々な問題や困難にも柔軟に対応できる人間へと成長していくのです。

　そのツールとして、この『天才脳をつくる　幼児からの右脳ドリル』をぜひご活用いただければと思います。

　最後まで解き終えることをきっかけにして、お子さんの右脳のパワーは飛躍的に高まり、それ以降の人生の可能性も大きく広がっていくことでしょう。

　2020年7月

追手門学院大学特別顧問 児玉光雄

この本の使い方

　この本には、「問題レベル1」から「問題レベル10」までの各章に、9〜10問を収録しています。

　問題には解答欄を用意していますので、書き込むための鉛筆かシャープペンを用意してください。鉛筆やシャープペンであれば答えを消すことにより、何度でもチャレンジすることができます。

　解答時間を厳密に測る必要はありませんが、各章を5分間程度で終えるようにしてください。なるべく短時間で解答を出すことが右脳を活性化してくれます。

　各レベルの最後に解答ページがありますので、問題を解き終わったら採点してください。各レベルとも共通で10点満点になっています。

　問題レベルが進むにつれて難しい問題が増えてきます。もし、お子さんが半分以下しか正解できない場合は、翌日おさらいを兼ねて、同じ問題レベルを再度チャレンジしてもらってください。お子さんの年齢によっては、問題の意図がわかりにくいものもあるかもしれません。その場合は、その問題を飛ばして、わかる問題だけ解いていってかまいません。

　また、大人も一緒にクイズとして楽しむのもおすすめです。みんなでワイワイ遊びながら気楽に右脳のトレーニングをすることができます。

　レベル10までの問題をすべて解き終わったら、レベル1から10までの得点の総合計を出してみましょう。10点×10で100点満点です。巻末の採点表でお子さんの現状の右脳レベルを把握してください。

　さあ、それでは『天才脳をつくる　幼児からの右脳ドリル』にチャレンジしましょう。

もんだい
問題レベル

1

ペンギンの したに いる どうぶつは どれかな？

こたえ

おなじ なかまの ものどうしを、せんで むすんでね。

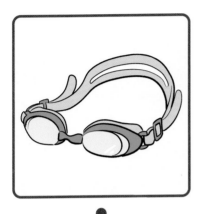

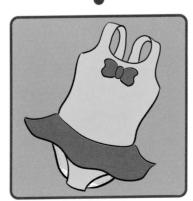

おなじ えは、どれと どれかな？

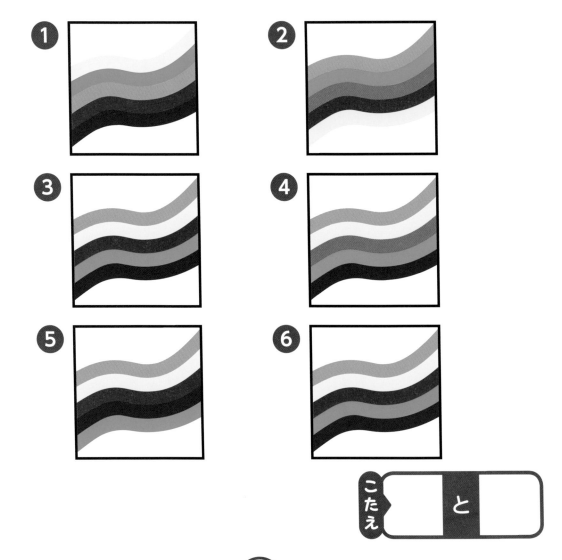

レベル1
04　おなじ かずの ものどうしを、せんで むすんでね。

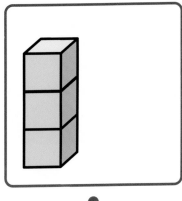

4まいの えを、じゅんばんに ならべてね。

こたえ

みほんと おなじ くみあわせの いろえんぴつは どれ？

みほん

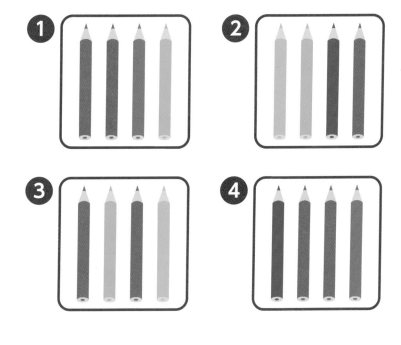

こたえ

おなじ くみあわせは どれと どれ？

こたえ　　と

したの えを 30びょうかん みて おぼえてから、つぎ
の ページを ひらきましょう。

まえの ページに なかったのは どれかな？

こたえ

レベル1 09 4まいの えを じゅんばんに ならべてね。

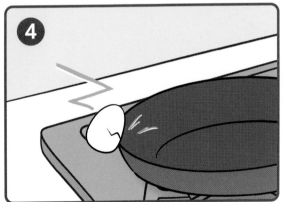

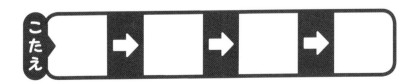

こたえ

17

問題レベル❶こたえ

01 ❹ → 1点

ペンギンの よこには、ライオン（ひだり）と クマ（みぎ）が いるよ。

02 したの ずが せいかい↓ → 1点

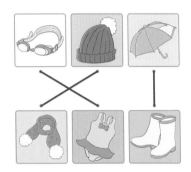

03 ❸と❻ → 1点

ほかは、いろの くみあわせが ちがって いたり、いろの じゅんばんが ちがって います。

04 したの ずが せいかい↓ → 1点

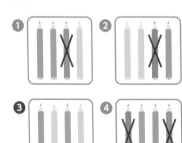

05 ❷→❶→❹→❸ → 1点

でかける までに、ズボンを はいて、くつしたを はいて、くつを はいて、「いってきます！」。

06 ❸ → 1点

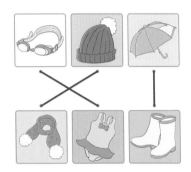

07 ❶と❹ → 1点

08 ❹ → 2点

まえの ページに あった「しんかんせん」が なくなりました。

09 ❹→❶→❸→❷ → 1点

たまごを わって、フライパンに おとして、やいて、もりつけて、めだまやきの できあがり！

合計 点／10点満点中

18

もんだい
問題レベル

2

おなじ かずの ものどうしを、せんで むすんでね。

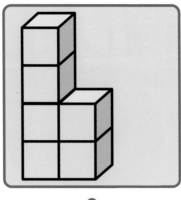

ひだりの カゴに ある リンゴと おなじ かずに するには、みぎの かごに ❶から ❹の どれを たせば いいかな？

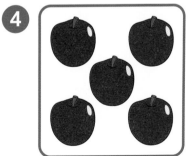

こたえ

レベル 2 03 4まいの えを、じゅんばんに ならべてね。

こたえ ⬜ ➡ ⬜ ➡ ⬜ ➡ ⬜

22

タンポポの ななめしたに あるのは、どの はなかな？

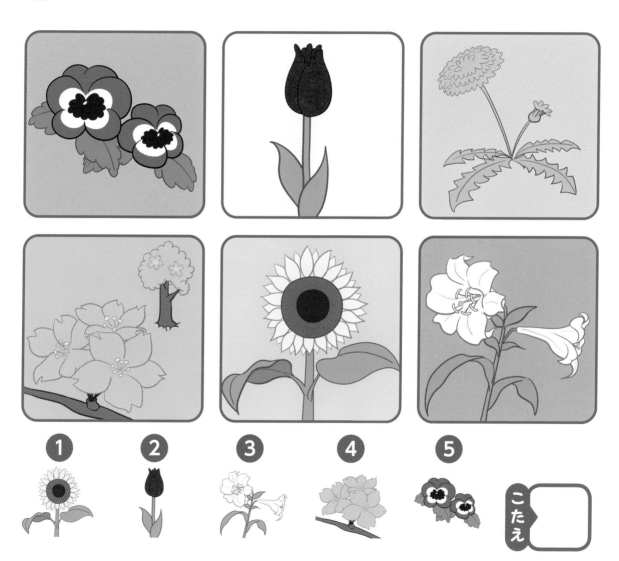

レベル2 05 みほんと おなじ くみあわせは、どれかな？

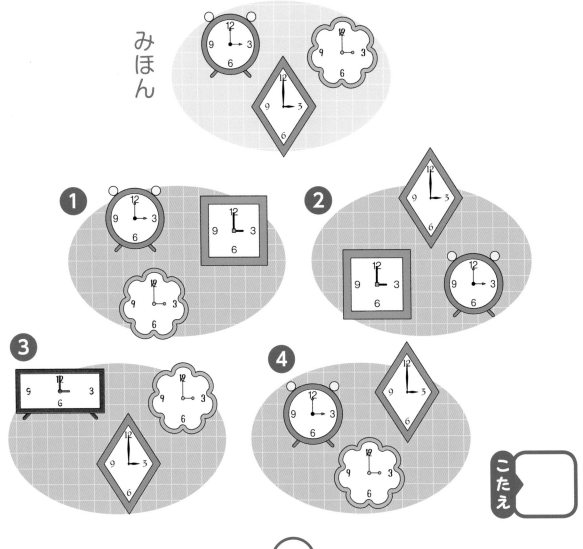

レベル2 06 みほんと いろも ながさも おなじ クレヨンが そろって いるのは どれかな？

みほん

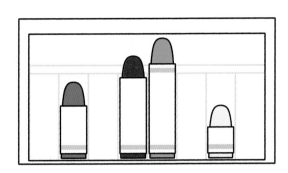

①

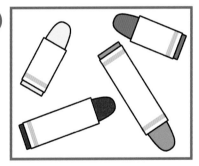

②

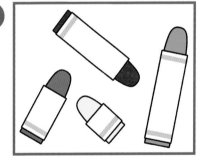

③

④

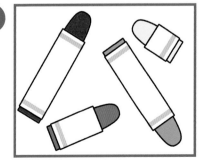

こたえ

つみきが つんで あります。ウサギさんからは どのように みえて いるでしょう?

① ② ③ ④

こたえ

みほんと おなじ くみあわせは、どれかな？

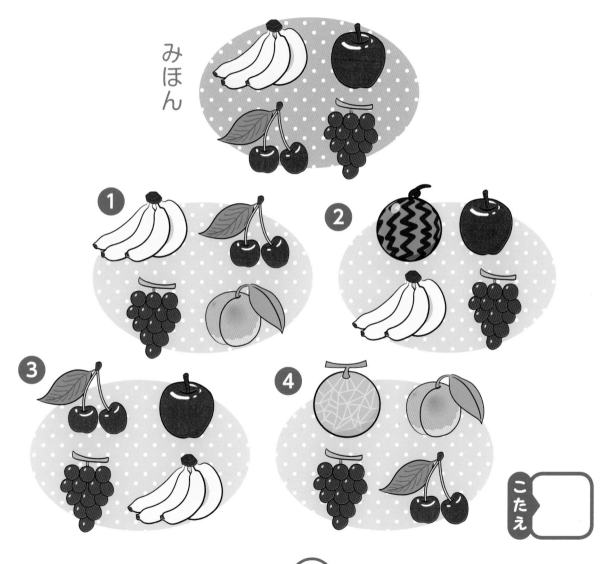

4まいの えを、じゅんばんに ならべてね。

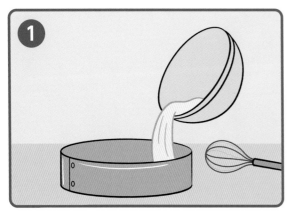

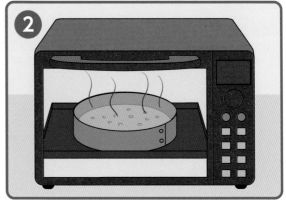

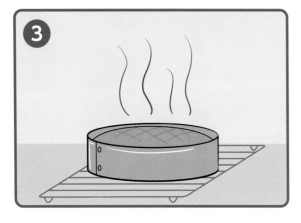

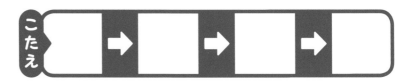

こたえ 　→　　→　　→

おなじ かずの ものどうしを、せんで むすんでね。

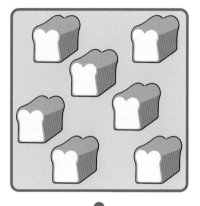

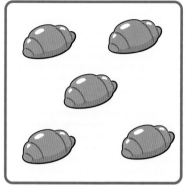

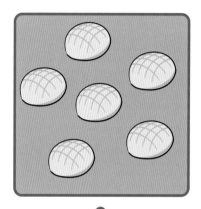

問題レベル❷こたえ

01 したの ずが せいかい → → 1点

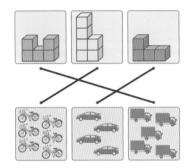

02 ❸ → 1点

ひだりの カゴには リンゴが 6こ、みぎの カゴには 3こあるから、みぎの かごには 3この リンゴが たりません。

03 ❸→❷→❹→❶ → 1点

クリスマスツリーの かざりが どんどん ふえて きれいに なって いきます。

04 ❶ → 1点

タンポポは、チューリップの となり、ユリの うえに あります。

05 ❹ → 1点

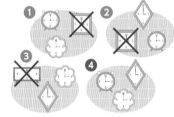

06 ❷ → 1点

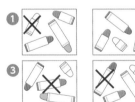

07 ❶ → 1点

つみきを どこから みるかで、みえる かたちが かわってきます。

08 ❸ → 1点

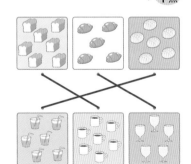

09 ❹→❶→❷→❸ → 1点

ケーキの ざいりょうを まぜて、かたにいれ、オーブンで やいて、できあがり！

10 したの ずが せいかい → → 1点

合計 点／10点満点中

30

もんだい
問題レベル

3

レベル3
01 みほんと おなじ くみあわせは どれかな？

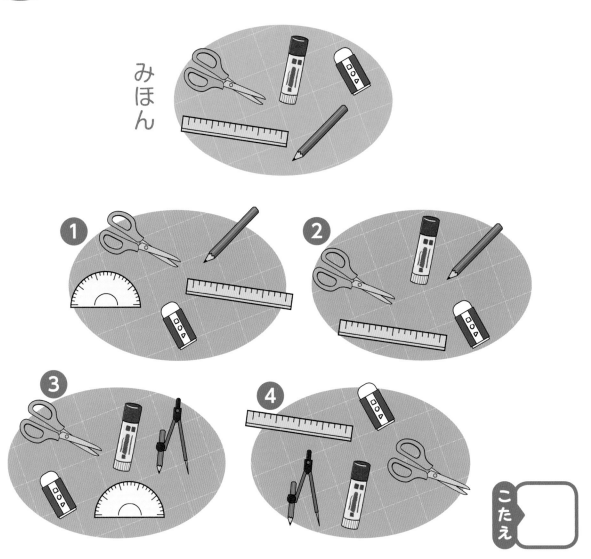

みぎの えには、ひだりの えと ちがう ところが ３つ
あるよ。みつけて そこに 〇を つけてね。

したの ずけいに、さんかくけいは ぜんぶで いくつ あるか、したから えらんでね。

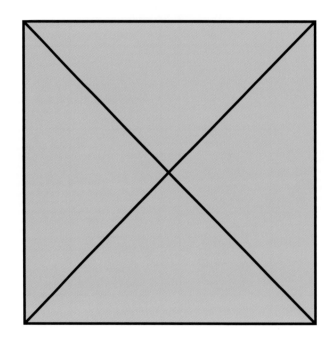

❶ 6こ　❷ 7こ　❸ 8こ　❹ 10こ

こたえ

04 ひとでの ひとつ うえに すんで いるのは だれかな？

1
2
3
4
5
6
7
8

こたえ

レベル3
05　みほんと おなじ くみあわせは どれかな？

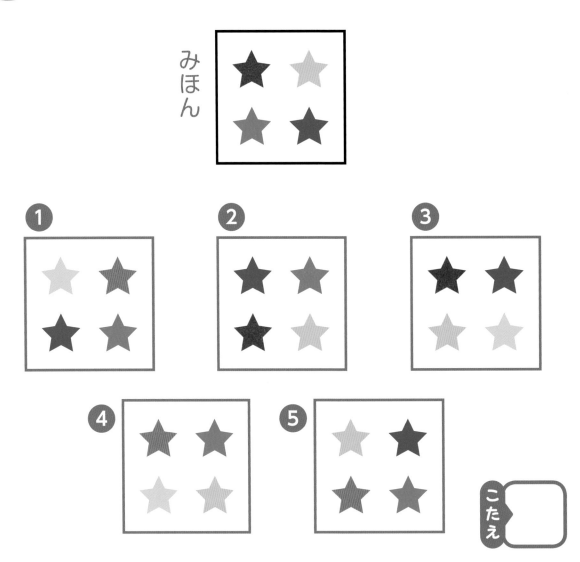

みほん

① ② ③ ④ ⑤

こたえ

36

4まいの えを じゅんばんに ならべてね。

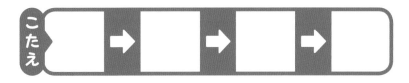

こたえ ⬜ ➡ ⬜ ➡ ⬜ ➡ ⬜

はこの なかの ゆびわを ２つに わけました。？に
はいる ゆびわは どれかな？

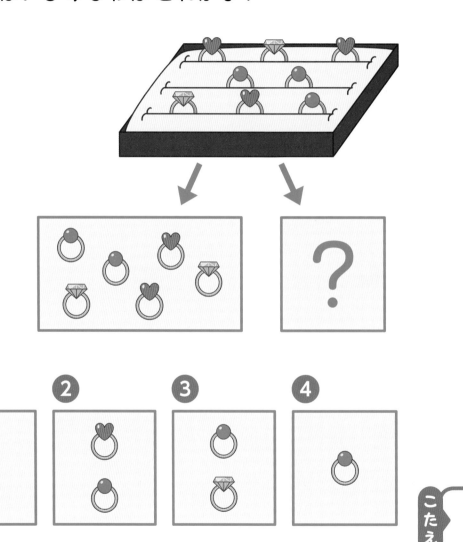

① ② ③ ④

こたえ

レベル3 08 したの ずを 5びょうかん みて おぼえてから、つぎ
の ページ（ぺえじ）を ひらきましょう。

まえの ページに なかったのは どれかな？

こたえ

レベル3 09 みほんの えを、あかい てんせんで おりかえしたとき、ぴったりと あわさるのは どれかな？

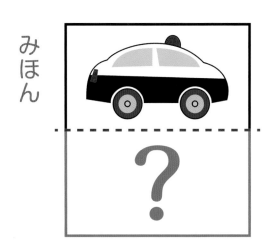

みほん

?

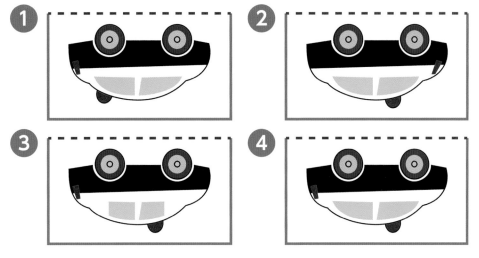

① ② ③ ④

こたえ

41

問題レベル ③ こたえ

01 ❷ → 1点

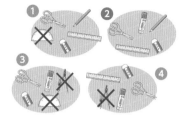

02 したの ずが せいかい ⬇ → 1点

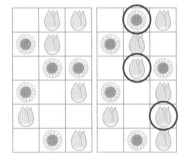

03 ❸ → 1点

ちいさい さんかくけい が 4こ、おおきい さんか くけいが 4こ、ぜんぶで 8こ。

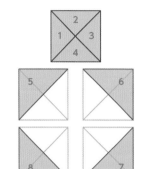

04 ❺ → 1点

イカの うえには サカナ、 サカナの となりには タコ と ウミヘビが いるよ。

05 ❷ → 1点

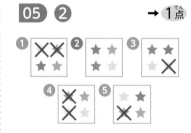

06 ❹→❷→❶→❸ → 1点

ニワトリが タマゴから うまれて、せいちょうして いく じゅんばんです。

07 ❷ → 1点

ハコの なかには、💍の ゆびわが 3こ、💍のゆび わが 2こ、💍のゆびわが 3こ ありました。

08 ❷ → 2点

えが 3つから 4つに ふえて いるよ。ふえた も のを みつけよう。

09 ❹ → 1点

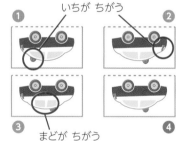

いちが ちがう

まどが ちがう

レベル4 01

したの えには、うえの えと ちがう ところが 3つ あるよ。みつけて そこに ◯を つけてね。

いちごの ケーキと つながって いるのは だれかな？

こたえ

おなじ くみあわせの グループは、どれと どれかな？

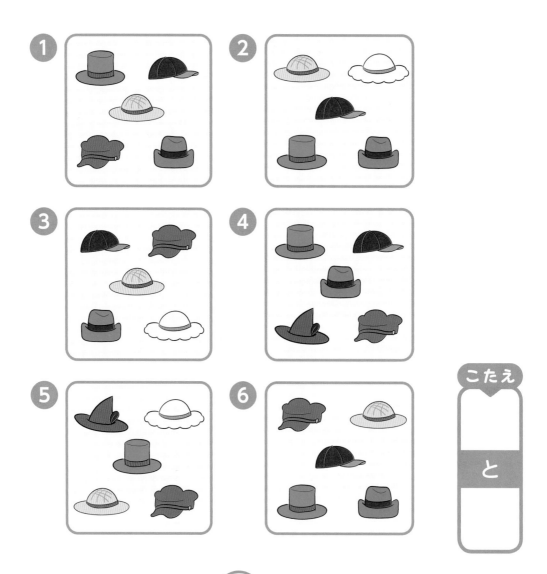

レベル4 04

ひだりの かごの ぼうしと みぎの かごの ぼうしを おなじ くみ
あわせに するには、みぎの かごに どれを たせば いいかな？

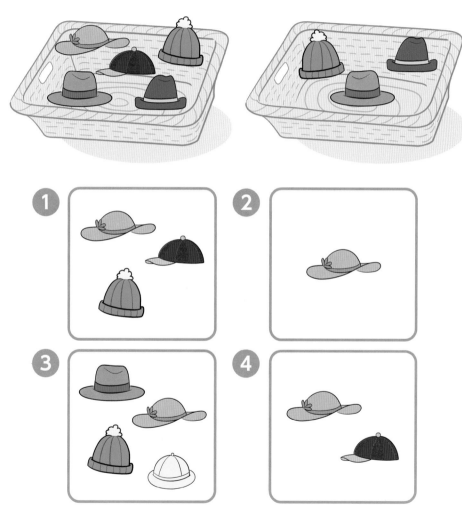

1

2

3

4

 こたえ

うえと したで、おなじ かずの ものを みつけて、せん で つなぎましょう。

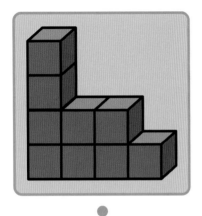

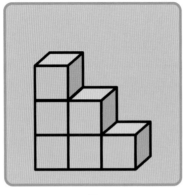

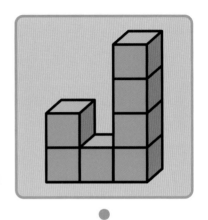

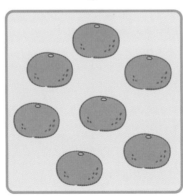

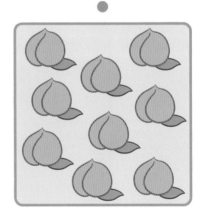

レベル4 06

バッタの えを、くさの えの まわりに そって みほんの ように ころがすよ。❓の ところに きたときは どの えかな？

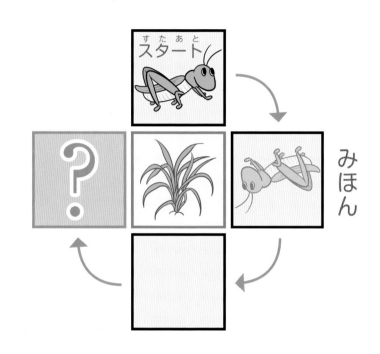

①  ②  ③  ④

こたえ

おなじ えを ふたつ さがしてね。

こたえ　　と

したの えを 5 びょうかん みて おぼえてから、つぎ
の ページを ひらきましょう。

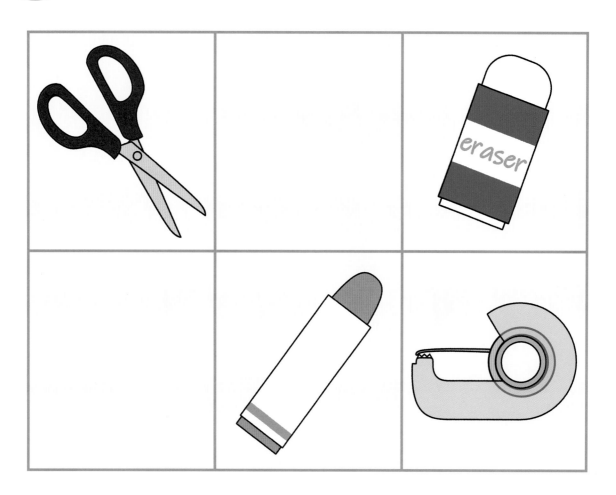

まえの ページに ないのは どれかな？

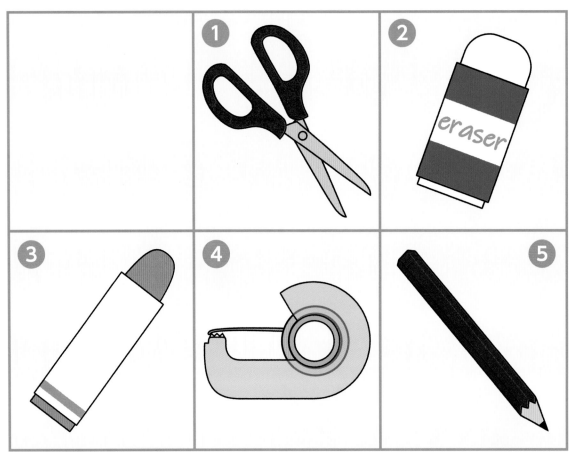

みぎの えには、ひだりの えと ちがう ところが 3つ あるよ。みつけて そこに ○を つけてね。

問題レベル **4** こたえ

01 したの ずが せいかい ⬇

➡ **1点**

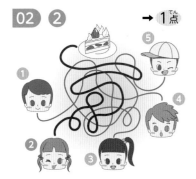

クマに なっている

いろが ちがう　　1さつ おおい

02 **2**

➡ **1点**

03 **1**と**6**

➡ **1点**

04 **4**

➡ **1点**

　ひだりの かごに あって、みぎの かごに ないものは どれか さがしてみよう。かずも おなじに なるか たしかめてみてね。

05 したの ずが せいかい ⬇

➡ **1点**

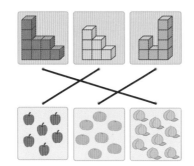

06 **2**

➡ **1点**

　むずかしかったら、おなじ かたちの かみを つくって、バッタの えを ころがしてみよう。

07 **1**と**3**

➡ **1点**

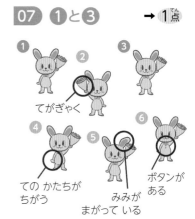

てがぎゃく

ての かたちが
ちがう

みみが
まがって いる

ボタンが
ある

08 **5**

➡ **2点**

　あたらしく エンピツが ふえて いるよ。

09 したの ずが せいかい ⬇

➡ **1点**

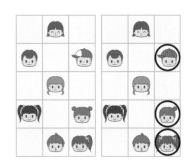

合計 　　点／**10点満点中**

もんだい
問題レベル

5

レベル5 01

カブトムシの となりの うえに すんで いるのは どの む
しかな？

①
②
③
④
⑤
⑥
⑦
⑧

こたえ

うえと したで、おなじ かずの ものを せんで むすんでね。

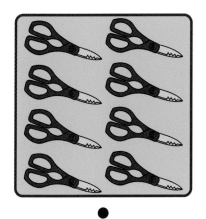

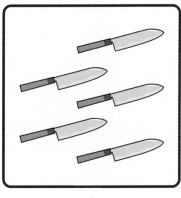

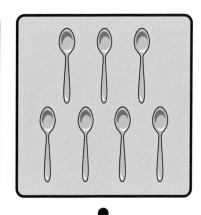

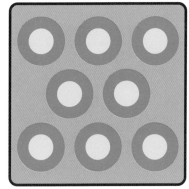

みほんの えを、あかい てんせんで おりかえした とき、
ぴったりと あわさるのは どれかな？

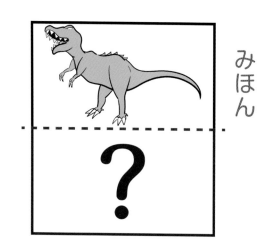

みほん

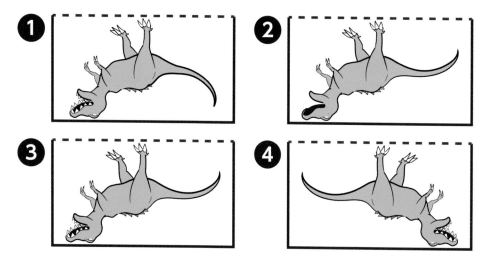

❶ ❷ ❸ ❹

こたえ

ウサギと つながって いる くだものは なにかな？

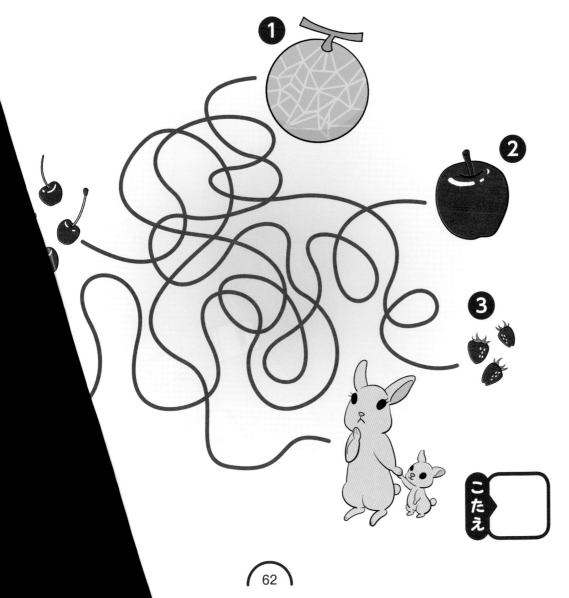

① メロン

② りんご

③ いちご

こたえ

おなじ くみあわせは どれと どれかな？

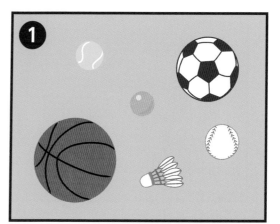

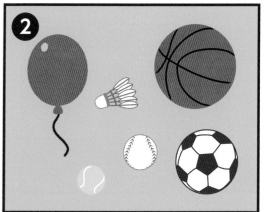

こたえ　　と

レベル5 05 みぎと ひだりの ほんだなで、ほんの かずを おなじに するには、みぎの ほんだなに どれを たせば いい?

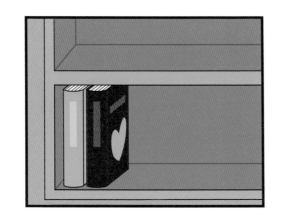

❶

❷
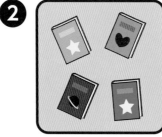

❸
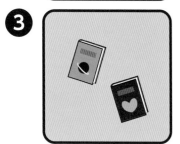

❹
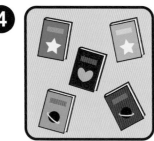

こたえ

レベル5 06 いちばん おおいのは、なにいろの えのぐかな?

? に ぴったり はいるのは どれかな？

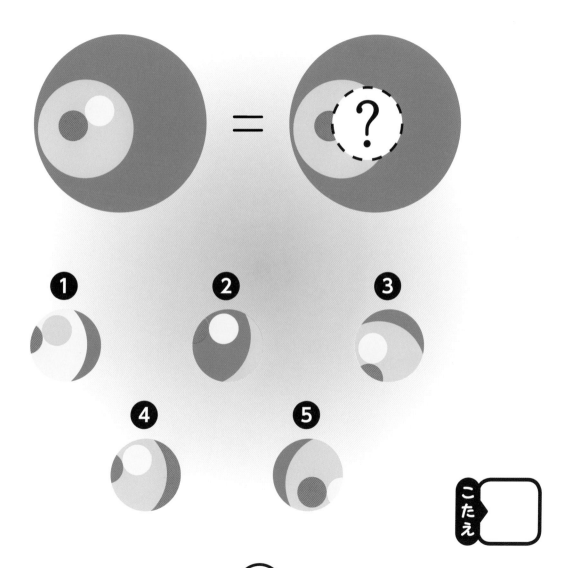

こたえ

みほんの えを つくるとき、いらない えは した の どれかな？

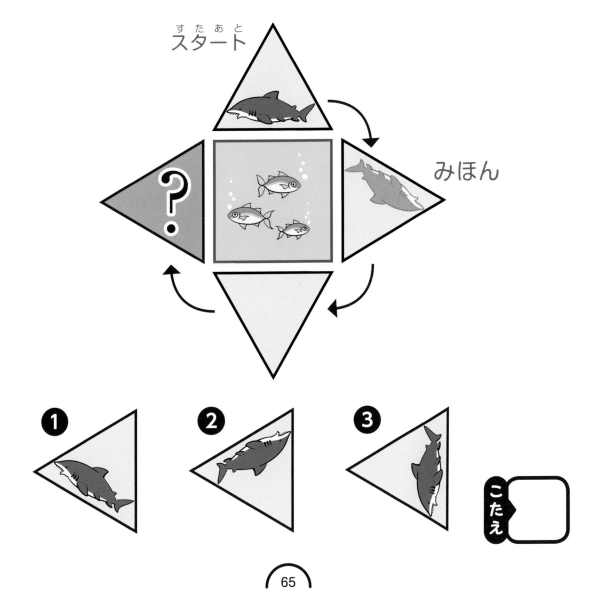

サメの えを、サカナの えの まわりに そって みほんの ように ころがすよ。 ❔の ところに きた ときは どの えかな？

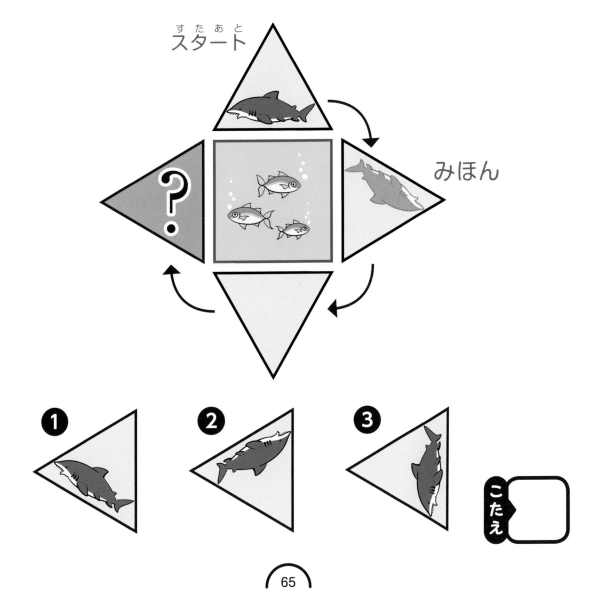

問題レベル **5** こたえ

01 **8** → 1点

では、カブトムシの と
なりの となりは？

せいかいは ダンゴムシ
です。

02 したの ずが せいかい↓ → 1点

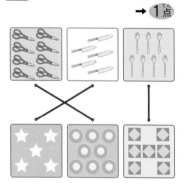

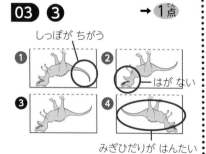

03 **3** → 1点

しっぽが ちがう

①

②——はが ない

③

④

みぎひだりが はんたい

04 **①と③** → 1点

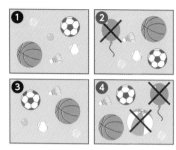

05 **①** → 1点

ひだりの ほんだなには
5さつ あるよ。みぎの ほ
んだなには、なんさつ た
りないか かんがえよう。

06 **④** → 1点

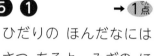

$$=\quad=\quad=\quad=\quad=$$
$$3\quad 3\quad 4\quad 5\quad 3$$

07 **②** → 1点

08 **③** → 1点

09 **⑤** → 1点

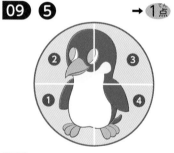

10 **③** → 1点

むずかしかったら、おな
じかたちの かみを つくっ
て、サメの えを ころがして
みよう。

合計　点／10点満点中

もんだい
問題レベル
6

4 しゅるいの いろえんぴつが あるよ。かずが いちばん おおいのは どの いろの えんぴつ?

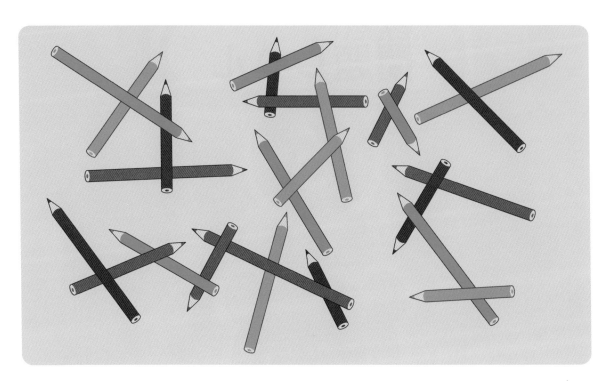

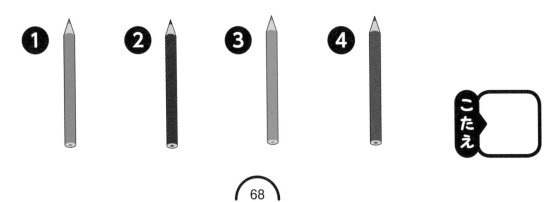

こたえ

いちばん おおい くだものは どれかな？

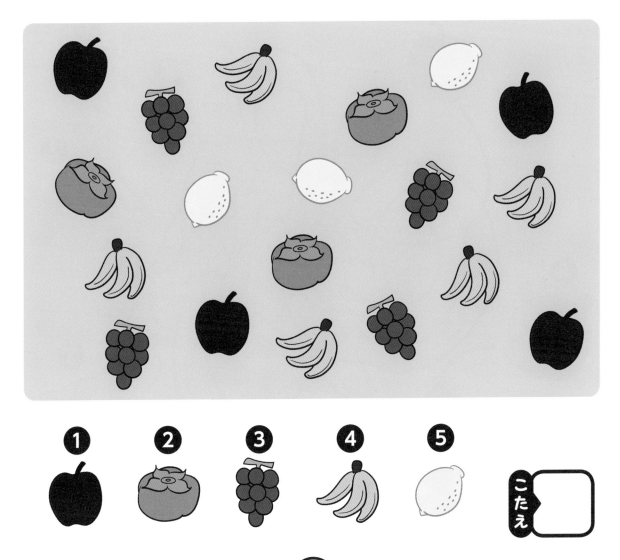

① ② ③ ④ ⑤

こたえ

りんごと つながって いる どうぶつは だれかな？

サルの ふたつ したに すんで いるのは だれかな？

みほんと おなじ いろの くみあわせは どれかな？

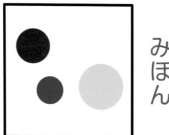

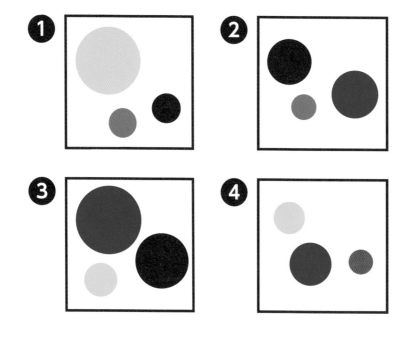

みぎの えには、ひだりの えと ちがう ところが 3つ あるよ。みつけて そこに ◯を つけてね。

07 おなじ くみあわせは、どれと どれかな？

 と

74

したの えを 30びょうかん みて おぼえてから、つぎ
の ページ^{ぺ え じ}を ひらきましょう。

まえの ページに なかったのは どれかな？

こたえ

みらいを創る子どもたちのために

出口式 みらい学習教室

論理力

R 論理国語

思考力 読解力 表現力
分析力 創造力

+

R 論理算数

- 算数も言語ととらえ、論理的にアプローチ
- 計算中心の学習でなく、考える力を重視
- 子どもの苦手分野は重点的に学習
- 算数の楽しさを親子で発見できます

生き抜く力

全く新しい幼児と児童の教室ができました!

単に「算数」や「国語」の枠にとどまらず、すべての物事について論理的に筋道を立てて考えられる真の力が身につきます。

- 自ら課題を発見し解決できる力
- 国際的な視野で積極的に行動できる力
- AIを駆使して創造的な仕事をこなせる力

「いま必要なのは、未来の社会を生き抜く力。」

出口式みらい学習教室は ここがちがいます！

究極の論理教育

論理教育の第一人者 出口汪が開発したオリジナル教材を使用。学校の授業とは根本的に異なる、より論理的でより実践的な知力と思考力を身につける教育をおこないます。

教わるのではなく、自ら学ぶ

自ら学び、自ら考える指導がメイン。用意された答えを与えるようなことはしません。自分で考え抜くことによって、学ぶ楽しさを実感し、真実を発見した子どもたちは目を輝かせるのです。

子どもと一緒に親も学ぶ

出口式みらい学習教室の最大の特色と言えるのが、保護者も一緒に授業を受けていただくこと。単なる付き添いではなく、しっかりカリキュラムに取り組んでいただきます。
お子様の成長を目の当たりにしながら、
新鮮な学びに刺激を受け、「楽しさ」や「必要性」を実感していただきます。

 お近くの教室はこちらから
https://www.deguchi-mirai.jp/

出口式 みらい学習教室　〒160-0023　東京都新宿区西新宿8-3-32-301
【電話】03-6304-0201　【FAX】03-6304-0252
本部事務局　【Mail】info@deguchi-mirai.jp

イヌの えを、えさいれの えの まわりに そって みほんの ように ころがすよ。 ❓ の ところに きた ときは どの えかな?

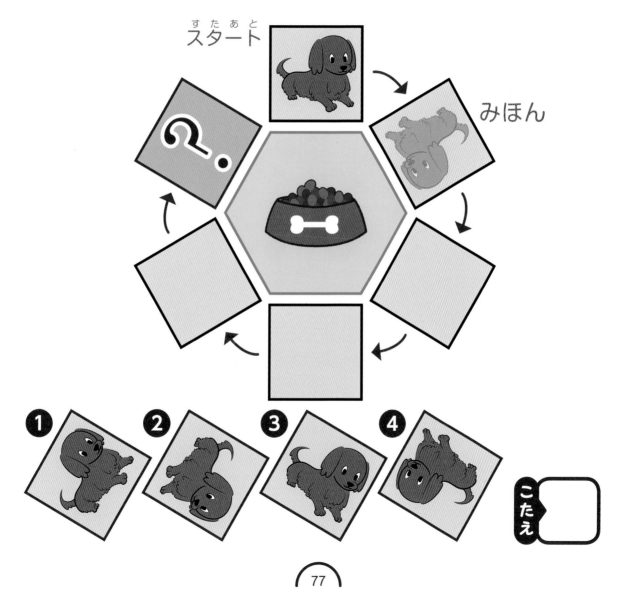

① ② ③ ④

こたえ

01 ❹ → 1点

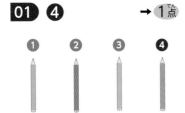

02 ❹ → 1点

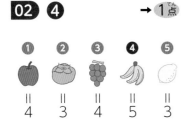

03 ❸ → 1点

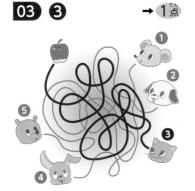

04 ❻ → 1点

サルの ふたつ したの
ふたつ となりには ブタが
います。

05 ❸ → 1点

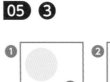

06 したの ずが せいかい ↓ → 1点

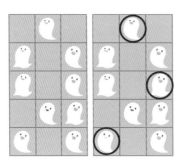

07 ❷と❻ → 1点

08 ❹ → 2点

ノートが なくなって、
かわりに リンゴが はいり
ました。

09 ❸ → 1点

むずかしかったら、おな
じ かたちの かみを つく
って、イヌの えを ころが
してみよう。

もんだい
問題レベル

7

? に ぴったり はいるのは どれかな？

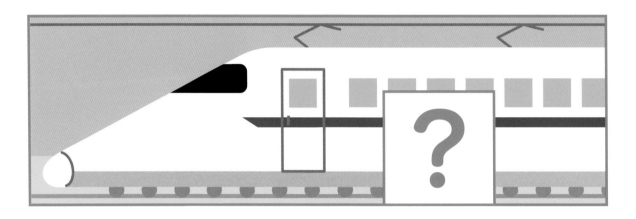

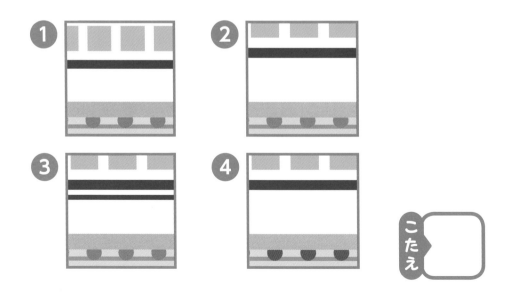

① ② ③ ④

こたえ

いちばん おおい かおは どの かおでしょう?

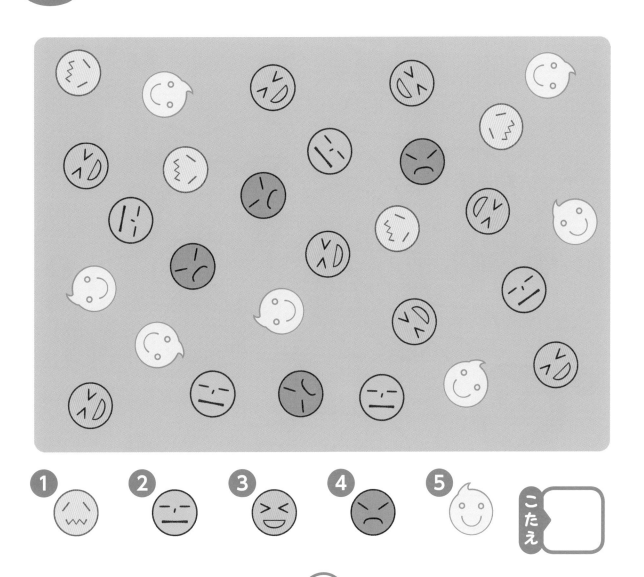

1

2

3

4

5

こたえ

たいようと つながって いるのは どの どうぶつかな？

おなじ くみあわせは どれと どれかな？

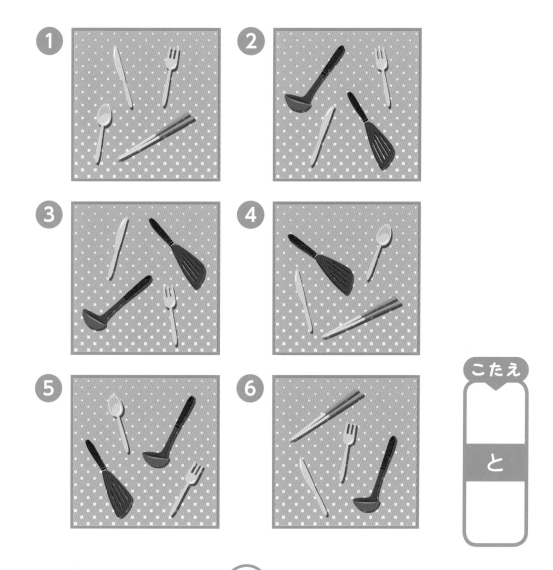

こたえ

と

つみきが つんで あります。ウサギさんからは どのように みえて いるでしょう？

❶ **❷** **❸** **❹**

こたえ

レベル7
06 　4まいの えを じゅんばんに ならべてね。

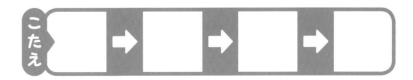

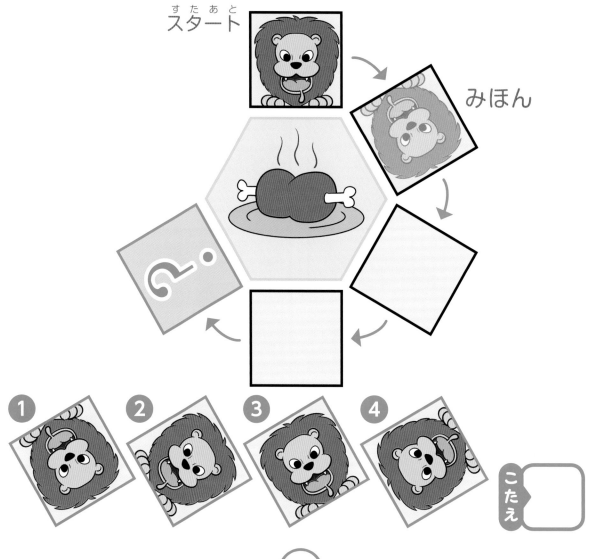

レベル7 07

ライオンの えを、にくの えの まわりに そって みほんの ように ころがすよ。❓の ところに きた ときは どの えかな？

スタート

みほん

① ② ③ ④

こたえ

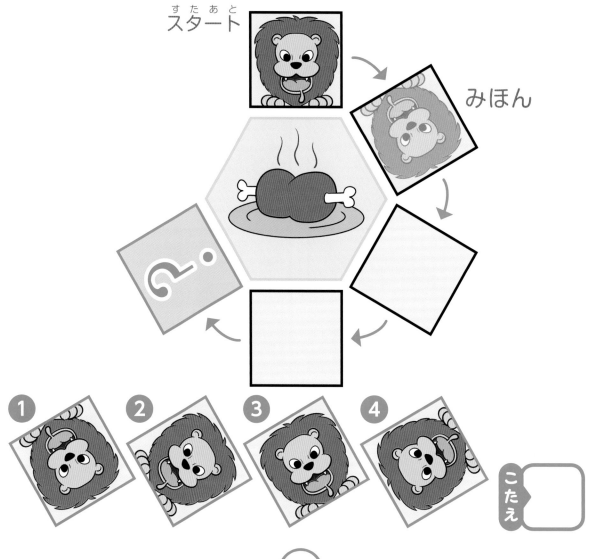

レベル7
08 したの えを 10 びょうかん みて おぼえてから、つぎ
の ページを ひらきましょう。

まえの ページに いなかった こんちゅうは どれかな？

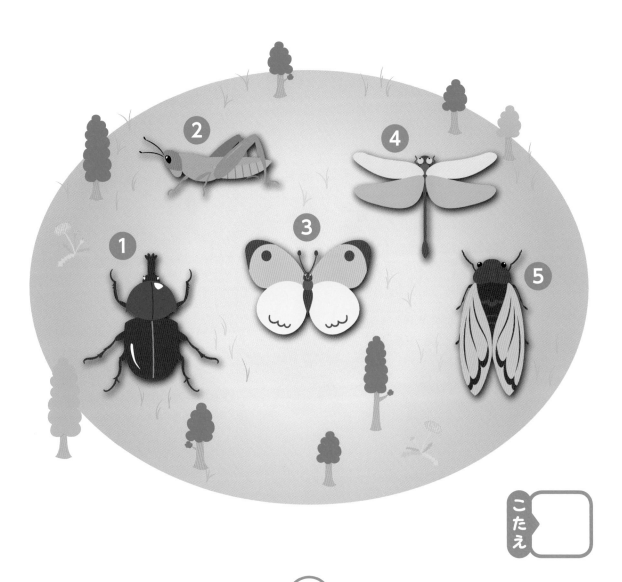

こたえ

レベル7 09 みほんの えを、あかい てんせんで おりかえしたとき、
ぴったりと あわさるのは どれかな?

みほん

❶  **❷**

❸ **❹**

こたえ

01 ② → 1点

まどが すべて みえている

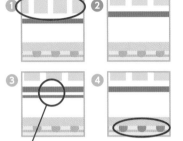

ラインが 2ほん　しゃりんの いろが ちがう

02 ③ → 1点

||
4

||
5

||
8

||
4

||
7

03 ④ → 1点

04 ②と③ → 1点

05 ② → 1点

つみきを どこから みる かで かたちが かわって き ます。

06 ④→①→②→③ → 1点

にもつが とどいて、は こから おもちゃを とりだ して あそぶまでが 4まい の えに なっているよ。

07 ④ → 1点

むずかしかったら、おな じ かたちの かみを つく って、ライオンの えを こ ろがしてみよう。

08 ④ → 2点

トンボが あらわれて、 クワガタが いなくなって います。

09 ① → 1点

フウセンが おおきい

フウセンの いちが ちがう

かみのけの いちが ぎゃく

問題レベル

8

レベル8 01 いちばん おおい いえは どれでしょう?

こたえ

みほんの えを つくるとき、いらない えは した の どれかな？

みほん

こたえ

みほんの えを つくるとき、いらない えは したの 5つ の うち どれかな？

レベル8

04　みほんと おなじ くみあわせは、どれかな？

みほん

 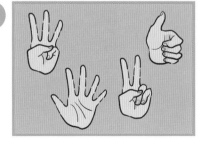

こたえ

みほんの えを、あかい てんせんで おりかえしたとき、
ぴったりと あわさるのは どれかな？

みほん

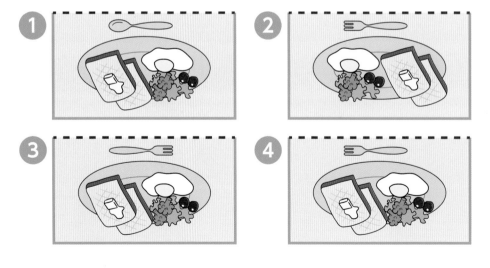

① ② ③ ④

こたえ

どうぶつと つながって いないのは だれかな？

こたえ

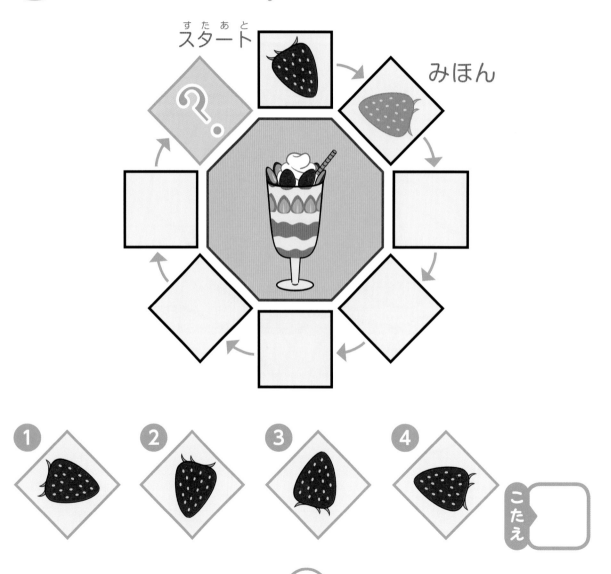

レベル8
07

いちごの えを、イチゴパフェの えの まわりに そって みほんの ように ころがすよ。? のところに きたときは どの えかな？

スタート

みほん

①　②　③　④

こたえ

98

したの えを ３０びょうかん みて おぼえてから、つぎの
ページを ひらきましょう。

まえの ページに なかったのは どれかな？

みぎの えには、ひだりの えと ちがう ところが 4つ あるよ。みつけて そこに 〇を つけてね。

01 **5** → 1点

①	②	③	④	⑤	⑥
=	=	=	=	=	=
5	4	5	3	6	4

02 **3** → 1点

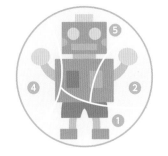

03 **3** → 1点

04 **3** → 1点

05 **4** → 1点

スプーンに なっている　　いちが ぎゃく

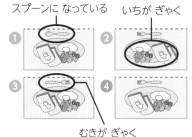

むきが ぎゃく

06 **2** → 1点

07 **3** → 1点

むずかしかったら、おな
じ かたちの かみを つく
って、イチゴの えを ころ
がしてみよう。

08 **9** → 2点

ネズミと ヒヨコが いな
くなって いるよ。

09 したの ずが せいかい↓
→ 1点

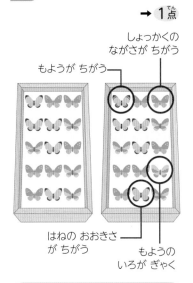

しょっかくの
ながさが ちがう

もようが ちがう

はねの おおきさ
が ちがう

もようの
いろが ぎゃく

問題レベル

もんだい

9

いちばん うえと いちばん したの マッチぼう(まっち)は どれ と どれかな？

こたえ	いちばん うえ		いちばん した	

みほんの えを つくるとき、いらない えは した の どれかな？

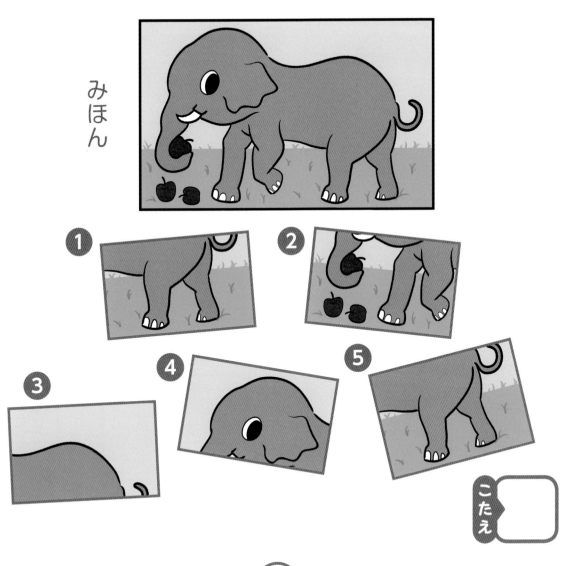

みほん

こたえ

おなじ えは、どれと どれかな？

いちばん おおい アイスクリームは どれでしょう？

 1
 2
 3
 4
 5
 6

こたえ

4まいの えを じゅんばんに ならべてね。

あみだくじの せんを たどって イチゴの ケーキ を たべられるのは だれかな？

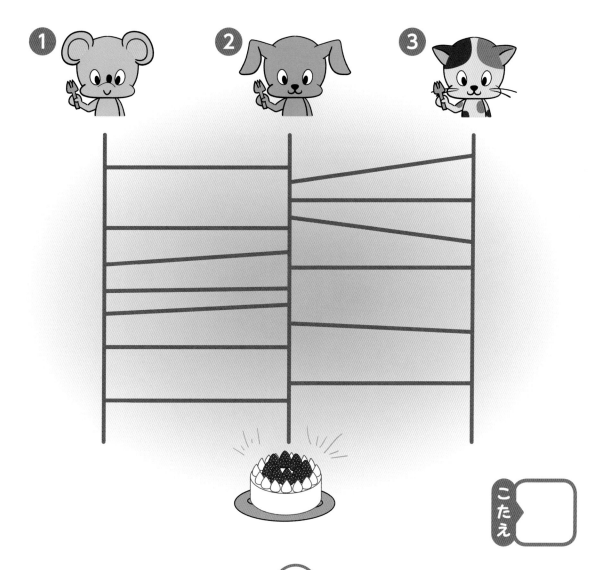

こたえ

レベル9
07 みほんの えを つくるとき、いらない えは どれかな？

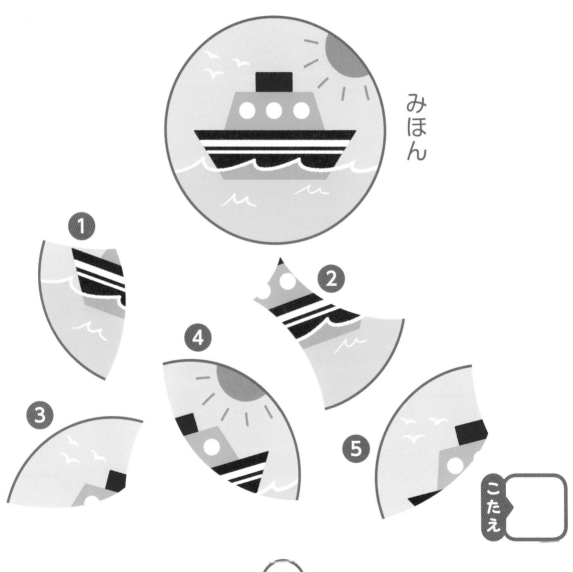

みほん

① ② ③ ④ ⑤

こたえ

110

みほんの えを、あかい てんせんで おりかえしたとき、
ぴったりと あわさるのは どれかな？

みほん

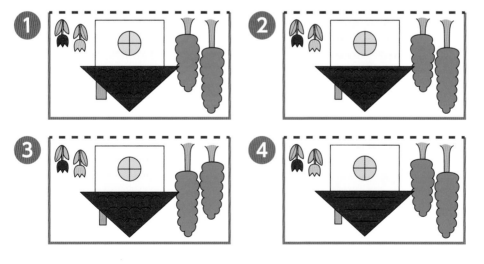

こたえ

レベル9 09

じどうしゃの えを、ガソリンスタンドの えの まわりに そって みほんの ように ころがすよ。スタートの いちに もどった ときの えは どれかな？

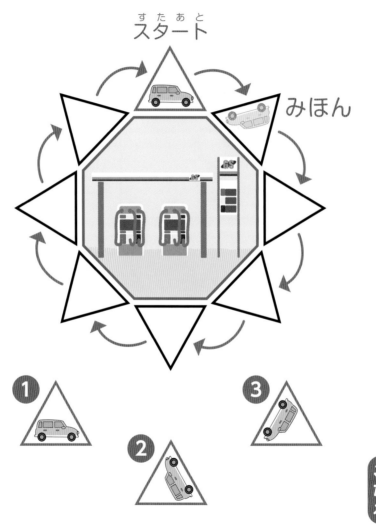

おなじ えを 2つ さがしてね。

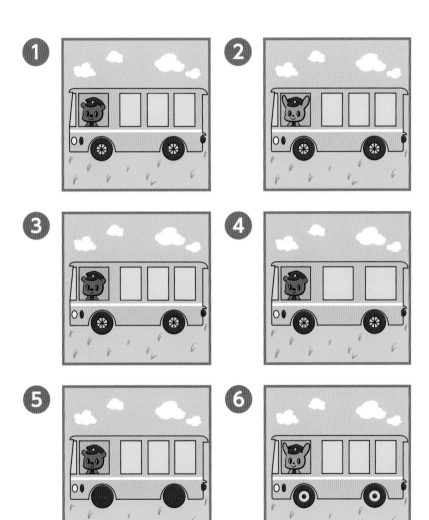

こたえ

と

問題レベル9 こたえ

01 いちばんうえ＝②、いちばんした＝① ➡ 1点

①から じゅんばんに ならべ、さいごに ②を おきました。

02 ⑤ ➡ 1点

03 ②と③ ➡ 1点

ボタンが ちがう

おさらが ぎゃく

フォークに なっている

カップが ぎゃく

04 ④ ➡ 1点

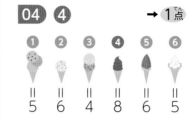

①	②	③	④	⑤	⑥
‖	‖	‖	‖	‖	‖
5	6	4	8	6	5

05 ②→④→①→③ ➡ 1点

てがみを かいて、ふうとうに いれて、のりづけして、ポストに いれます。

06 ③ ➡ 1点

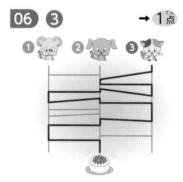

07 ⑤ ➡ 1点

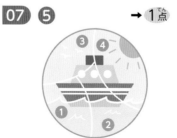

08 ② ➡ 1点

エントツが ふとい

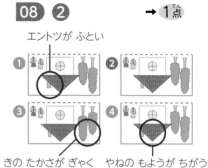

きの たかさが ぎゃく　やねの もようが ちがう

09 ② ➡ 1点

むずかしかったら、おなじ かたちの かみを つくって、じどうしゃの えを ころがしてみよう。

10 ①と③ ➡ 1点

うんてんしゅが ちがう

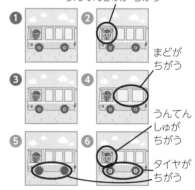

まどが ちがう

うんてんしゅが ちがう

タイヤが ちがう

レベル10
01

うえと したで、おなじ なかまの ものを みつけて、
せんで つなぎましょう。

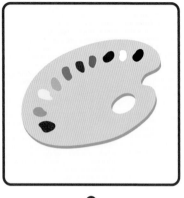

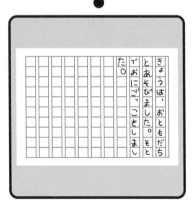

レベル10 02

みぎの えには、ひだりの えと ちがう ところが 3つ あるよ。みつけて そこに ○を つけてね。

? には、❶から ❹の うち どれが はいるかな？

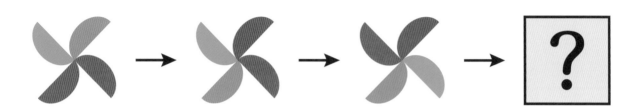

❶ ❷ ❸ ❹

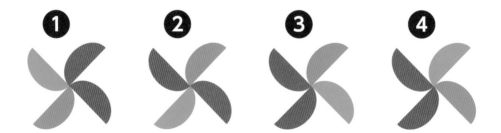

こたえ

ほしじるしの なかに、さんかくけいは いくつ あるかな？

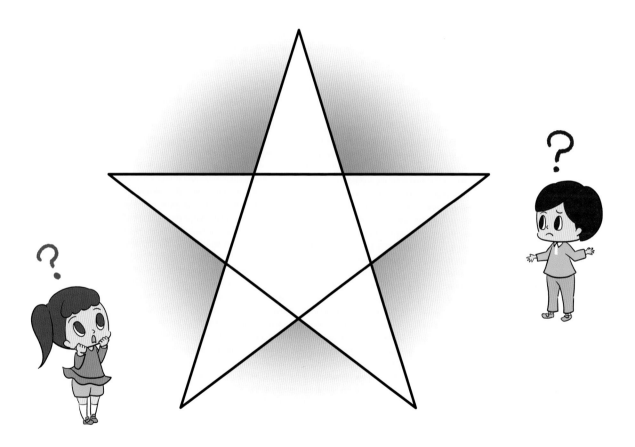

❶ 7こ　❷ 8こ　❸ 10こ　❹ 12こ

こたえ

あみだくじの せんを たどって アタリに つながって いるのは だれかな？

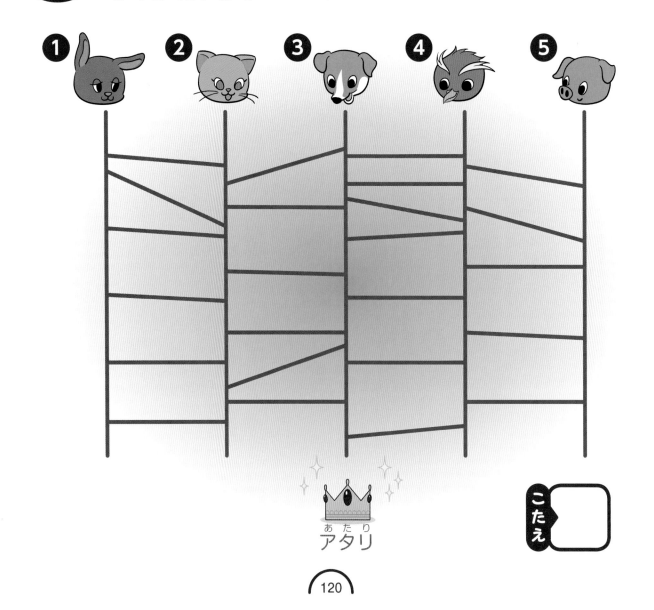

アタリ

こたえ

いちばん おおい りょうりの どうぐは どれかな？

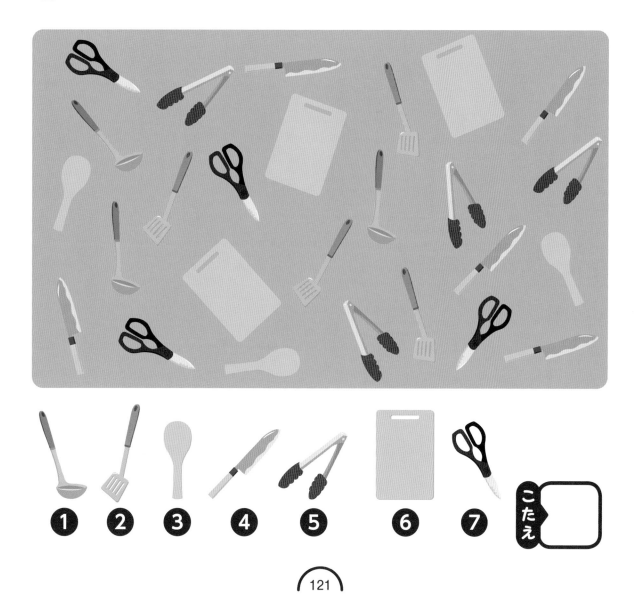

1 **2** **3** **4** **5** **6** **7**

こたえ

キツネの えを ウサギの えの まわりに そって ころがすよ。スタートの いちに もどった ときの えは どれかな？

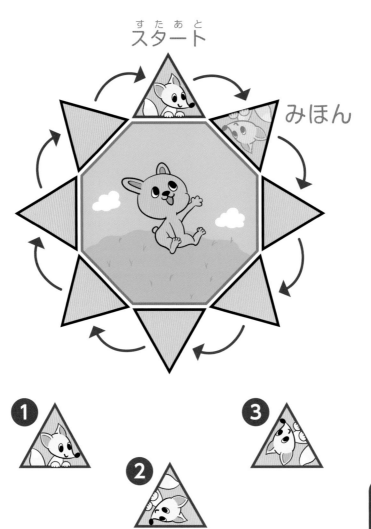

スタート

みほん

① **②** **③**

こたえ

レベル10

08 したの えを 10びょうかん みて おぼえてから、つぎ の ページを ひらきましょう。

まえの ページに いなかったのは どれかな？

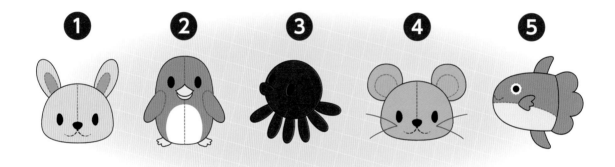

① ② ③ ④ ⑤

こたえ

てんせんに そって 4つの おなじ かたちに わけて、それぞれに どうぶつが 1ぴきずつ いるように してね。

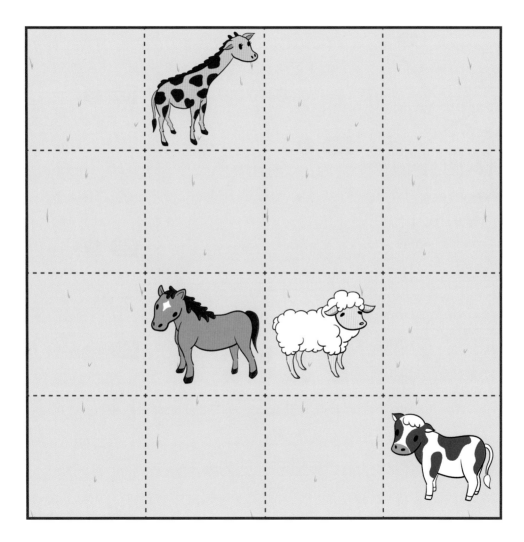

問題レベル ⑩ こたえ

01 したの ず が せいかい ⬇
→ 1点

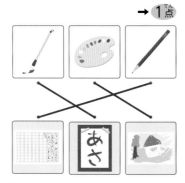

02 したの ず が せいかい ⬇
→ 1点

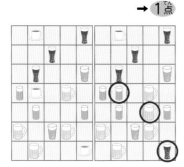

03 ❸
→ 1点

もんだいの b は a の 1 と 3 の い

ちの いろが いれかわり、つぎに c は b の 2 と 4 の いろが いれかわっています。おなじように、? には c の 1 と 3 の いろが いれかわった ❸ が はいります。

04 ❸
→ 1点

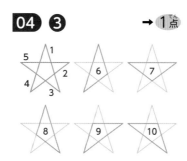

05 ❶
→ 1点

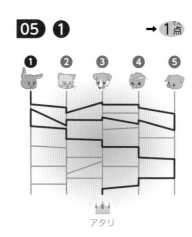

アタリ

06 ❹
→ 1点

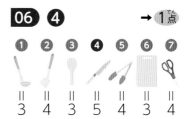

= = = = = = =
3 4 3 5 4 3 4

07 ❸
→ 1点

むずかしかったら、おなじ かたちの かみを つくって、キツネの え を ころがしてみよう。

08 ❹
→ 2点

ネコと みどりの サカナ が いなくなって いるよ。

09 したの ず が せいかい ⬇
→ 1点

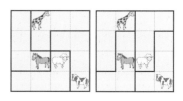

合計　点 / 10点満点中

126

右脳IＱ採点表

<ruby>右<rt>う</rt></ruby> <ruby>脳<rt>のう</rt></ruby>アイキューさいてんひょう

91〜100 てん	きみの うのうは てんさいレベル！ この さいのうを だいじに そだてれば、すごい ひとに なれるよ！
71〜90 てん	うのうが とても よく はたらいて います。さらに さのうも きたえれば、がっこうの せいせきは トップクラスに！
51〜70 てん	うのうと さのうの バランスが よく とれています。すきな ことを みつけて とくいぶんやを のばして いこう！
31〜50 てん	さのうの はたらきの ほうが つよく なっているかも。えを かいたり、こうさくあそびの じかんを ふやそう！
0〜30 てん	きみの うのうは これから ちからを だそうと している ところです。この ドリルを もういちど ふくしゅうしてみよう！

児玉 光雄（こだま　みつお）

1947 年兵庫県生まれ。京都大学工学部卒業。カリフォルニア大学ロサンジェルス校（UCLA）大学院に学び工学修士号取得。10 年間の住友電気工業勤務を経て独立。米国オリンピック委員会スポーツ科学部門の客員研究員としてオリンピック選手のデータ分析に従事。メンタルカウンセラーとして多くのプロスポーツ選手を指導。また、右脳活性プログラムのカリスマ・トレーナーとして、これまで多くの受験雑誌や大手学習塾に右脳開発トレーニングを提供。自ら名付けた「右脳 IQ」という概念を普及させるために尽力している。著書は『1 日 10 分の奇跡！　脳活特効ドリル』（KAWADE 夢文庫）、『1 日 10 分脳の筋トレ！大人の図形ドリル』（光文社知恵の森文庫）、『大谷翔平・羽生結弦の育て方』（幻冬舎）等 200 冊以上。現在、追手門学院大学特別顧問。元鹿屋体育大学教授。

天才脳をつくる　幼児からの右脳ドリル

2020年 8 月15日　第 1 刷発行

著　　者　児玉 光雄
発 行 人　出口 汪
発 行 所　株式会社 水王舎
〒160-0023　東京都新宿区西新宿8-3-32
電話03-6304-0201（代表）
http//www.suiohsha.jp
印　　刷　信毎書籍印刷
製　　本　ナショナル製本

カバー・本文イラスト　和泉 りきょう
装丁・本文デザイン・DTP　アミークス（桜井 勝志）
編集協力　江渕 真人
編集統括　瀬戸 起彦（水王舎）

ISBN978-4-479-86470-155-6

おなじ くみあわせは どれと どれかな？

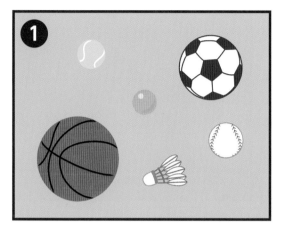

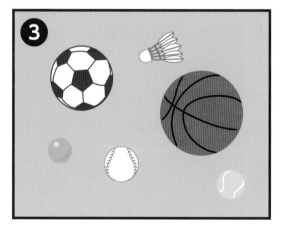

こたえ [ ] と [ ]

みぎと ひだりの ほんだなで、ほんの かずを おなじに するには、みぎの ほんだなに どれを たせば いい？

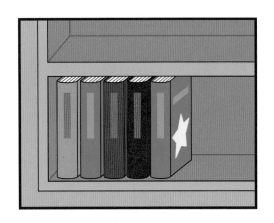

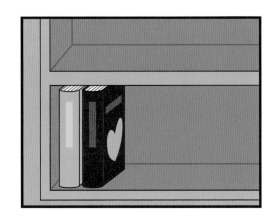

❶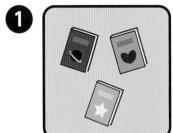

❷

❸

❹

こたえ

レベル5 06 いちばん おおいのは、なにいろの えのぐかな？

 ❶
 ❷
 ❸
 ❹
 ❺

 こたえ

レベル5 07　ウサギと つながって いる くだものは なにかな？

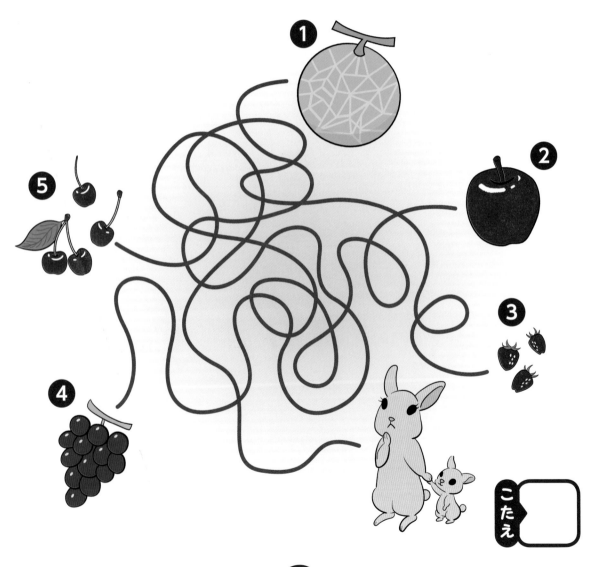